APPEL

EN FAVEUR

DES CHRÉTIENS D'ORIENT,

NOTICE

SUR LES MAUX SOUFFERTS PAR NOS FRÈRES DE LA SYRIE.

Ce que les pouvoirs humains ne veulent pas faire, les Catholiques l'accompliront par la charité.

PARIS,

LIBRAIRIE CATHOLIQUE DE PERISSE FRÈRES,

18, rue du Petit-Bourbon-St-Sulpice ;

ET AU BUREAU DU *MÉMORIAL CATHOLIQUE*,

20, rue Cassette.

—

1846

L'opuscule que nous publions aujourd'hui a pour but d'exciter la charité des fidèles en faveur de nos frères d'Orient.

Il contient des faits qui sont sans doute connus de plusieurs, mais que beaucoup aussi ignorent encore, et qu'on aimera à trouver rassemblés dans un court écrit. — Il importe de donner toute la publicité possible à des actes que réprouvent à la fois et la Religion et l'honneur de la France, et qui, portés à la connaissance de tous, pourront déterminer, comme expiation ou réparation, d'autres actes de dévouement et de générosité chrétienne.

Puissions-nous atteindre ce résultat si ardemment désiré par tous les hommes de foi et par les vrais Français !

Cet écrit complète aussi ce que nous avons dit, dans notre MÉMORIAL CATHOLIQUE, sur les affaires d'Orient, et c'est ce qui explique la publication de quelques faits qui, pour être déjà anciens, n'en intéressent pas moins les fidèles.

NOTICE

SUR LES MAUX SOUFFERTS PAR NOS FRÈRES DE LA SYRIE,

APPEL

EN FAVEUR DES CHRÉTIENS D'ORIENT.

Plus d'une fois déjà nous avons fait *appel* en faveur de nos frères d'Orient; plus d'une fois nous avons redit leurs douleurs et leurs besoins... (1), et cependant nous ne l'avons pas fait autant que notre cœur l'aurait voulu. Resserré dans les limites d'une Revue mensuelle, obligé de scinder les matières pour donner plus de variété, il faut à chaque instant sacrifier ses affections particulières et renoncer à ce qu'on désirerait le plus accomplir. Ainsi nous sommes-nous trouvé souvent au sujet des affaires d'Orient, et nous en avons éprouvé une véritable douleur! C'est donc pour remédier, autant qu'il est en nous, au silence que nous avons été forcé de garder, et pour compléter ce que nous avons pu dire sur ce sujet, si digne d'intéresser toute âme catholique, que nous publions cet opuscule. Nous voulons rappeler les maux que souffrent les chrétiens d'Orient, et ramasser quelques témoignages propres à exciter la charité des fidèles, et à attirer, s'il est possible, l'attention de ceux qui pourraient tant pour cette grande mission, si, abandonnant les sentiers d'une politique peureuse et sans cœur, ils voulaient avoir du courage, et surtout faire taire leurs passions pour n'écouter que la voix de la Religion et de la conscience... Rappelons d'abord les maux de nos frères d'Orient.

I.

Jamais la position des chrétiens du Liban n'a été si précaire ni si déplorable que depuis le traité du 15 juillet 1840, conclu sans la participation de la France et contre la France. Il n'est sortes d'avanies et de tortures qu'ils n'aient eu à subir de la part des Druses et des Turcs, leurs plus cruels ennemis (2). Voici ce qu'écrivait, au mois

---

(1) *Voyez* notre *Mémorial Catholique*, t. II, pag. 283, 284, 289, 290, 418, 419; t. III, pag. 472; t. V, pag. 154-157, 161, 162. — Le *Mémorial Catholique,* Revue mensuelle, forme déjà 5 vol. grand in-8°. Il vient de commencer sa *sixième année.*

(2) Il sera assez souvent question des Maronites et dès Druses dans cette *Notice* pour que nous donnions quelques notions sur ces deux peuples.

Les Maronites, descendants de la race aborigène du Liban, campés sur les hauteurs ou établis dans les vallées intérieures, au nombre de deux ou trois cent

de novembre 1845, un correspondant de Syrie ; sa lettre porte dans l'âme de tout catholique et de tout Français une profonde tristesse et une profonde humiliation ; et bien qu'elle soit déjà connue, on ne saurait trop la répandre pour la honte de ceux qui laissent commettre de semblables atrocités, et afin d'exciter la compassion des fidèles :

« Les événements se succèdent avec tant de rapidité en Syrie, dit ce correspondant parfaitement placé pour connaître les faits et les apprécier, que je me crois obligé de profiter de toutes les occasions qui se présentent pour vous en dire quelque chose. Au moment où je vous écris, les Turcs, maîtres absolus de la Montagne, y exercent à leur gré leur haine contre les chrétiens. Ils ont fait une première levée des armes, et s'étant aperçus qu'elles n'avaient pas toutes été rendues, ils sont revenus à la charge, et ils emploient actuellement la voie des tortures pour faire avouer en quel lieu elles ont été cachées. Les principaux cheiks, avec le prince, sont emprisonnés à Bteddin. Les plus influents d'entre les paysans sont aussi arrêtés et tourmentés dans leurs villages. Là où les cheiks n'ont pas été trouvés, les curés ont été arrêtés et ont subi et subissent encore la torture. Aujourd'hui même un curé de Gazir, de la famille Habaich, a été pris et lié ; on l'a suspendu à un arbre par les pieds ; dans cette posture, il a reçu tant de coups qu'on l'a emporté comme mort. Trois autres curés de Gazir ont été aussi garrottés avec une quinzaine de paysans du même village ; on les a jetés dans un caveau, après leur avoir infligé la bastonnade, puis un ruisseau qui passait près de ce caveau a été détourné, de telle sorte que les prisonniers sont dans l'eau jusqu'au-dessus de la ceinture. Autrefois la France aurait donné quelque appui aux ministres du culte catholique, aujourd'hui elle se tait, malgré la bonne volonté de nos consuls. Bien plus, le nom français est devenu un objet de raillerie pour les Turcs. A chaque coup qu'ils donnent aux chrétiens, ils leur disent : Puisque tu es *Français*, prends cela *àla kis el Francis* (pour le compte des Français). Après les protestations de notre consul de Beyrouth et sur ses représentations au baron de Bourquency, notre ministre à Constantinople, il était arrivé, il y a quelques jours, un ordre qui autorisait les Français à retourner dans leurs établissements ; mais comme ils se disposaient à partir, il est venu à leur connaissance que le Pacha avait intimé l'ordre à un père Jésuite qui se trouvait à Gazir de se retirer sur-le-champ, et que M. Medaward, protégé français, avait été pris, rudement maltraité et mis

---

mille, forment un groupe imposant au milieu de races diverses, et peuvent dominer en grande partie la Syrie. Le souvenir de saint Louis plane encore sur eux pour les unir à nous dans le culte rendu à notre passé le plus glorieux. François Ier, Henri IV, Louis XIV, les rattachent à la France actuelle par une chaîne à laquelle la Convention elle-même a fourni son anneau. C'est donc à la fois comme catholiques et comme Français que nous devons les couvrir de notre bouclier ; et, dans leur esprit, ces deux noms se confondent. L'influence française dans ces contrées est une influence catholique. Les persécuteurs mahométans ne s'y trompent pas, et comptent les coups frappés sur les victimes comme autant d'outrages à la France. *Voy.* plus loin, pag. 23-24, une *note* plus détaillée sur les Maronites.

En face de la population maronite sont les Druses, avec lesquels elle avait vécu en hostilités presque continuelles jusqu'à ce que la famille Schaab se trouvât investie d'une sorte de souveraineté semi-patriarcale, semi-féodale. Quand l'émir Beschir, soumis à la conquête égyptienne, se retira devant la vengeance ottomane, les vieilles haines se ranimèrent, et les excès des troupes albanaises transformèrent le Liban en un vaste champ de carnage. Les deux races ayant chacune son prince, se livrèrent de furieux combats auxquels Schekib-Effendi est venu mettre un terme, en ordonnant le désarmement des Maronites. C'était livrer ceux-ci à la vengeance de leurs ennemis ; car, dans un pays comme la Syrie, où il n'y a pas de gouvernement proprement dit, il faut se protéger soi-même. Aussi l'égorgement de nos frères n'a rien d'étonnant et se continue sans relâche.

en prison. L'équipage de frégate française en rade à Beyrouth est allé délivrer ce dernier. Le gouvernement turc, pour réduire la Montagne à la plus grande détresse, s'est emparé de tous les magasins de blé, et a posté des soldats sur tous les endroits de communication avec Djounie, Zahlé, Beyrouth. Or, la Montagne se trouve sans un grain de blé ; les sauterelles n'avaient presque rien laissé de la dernière récolte ; la guerre avait détruit le reste. Encore quinze jours, et les paysans vont être réduits à la plus affreuse extrémité. Ils n'ont plus le cœur de se battre ; ceux qui sont bien portants errent à l'abandon dans la Montagne. En certains endroits, les femmes ont été soustraites à leurs maris, et se sont vues livrées aux insultes de la soldatesque ; mais c'est déjà trop vous entretenir de ces malheurs, qui sont la suite inévitable des révolutions : disons en passant que ce pauvre peuple se préparait depuis longtemps des châtiments de ce genre. Le clergé, qui avait une grande part des fautes du peuple, devait les expier aussi ; enfin, les cheiks devaient avoir leur tour, et on ne peut, en voyant toutes ces choses, s'empêcher d'adorer en tremblant les décrets de la suprême justice. Enfin, quoique le rétablissement des affaires paraisse pour le moment impossible, rien n'est difficile à Dieu ; il peut en un instant ramener la paix et l'abondance.

« La position des missionnaires est à peu près la même... Cependant, appuyés sur la divine Providence, ils espèrent pouvoir retourner bientôt dans leurs maisons, à moins que le gouvernement français ne consente à livrer ces établissements aux Turcs, ou ne veuille point garantir les intérêts ou l'existence des Français qui sont en Syrie, car on peut s'attendre à tout. Je crois qu'il serait urgent qu'on fît comprendre au gouvernement :

« 1° Que le nom français est aujourd'hui on ne peut plus avili en Syrie, et que les Russes et les Anglais en triomphent. Les soldats turcs, ou plutôt les officiers, se plaisent à donner malignement aux chiens le nom des principaux Français qu'ils connaissent. Ils demandent aux missionnaires de quel droit ils viennent s'établir sur une terre du Sultan, enseigner des sujets du Sultan, etc. ;

« 2° Que l'existence de la religion et de ses ministres, dans ce pays, est intimement liée au protectorat dont la France y jouit depuis des siècles ; que si la France abandonne ce protectorat, on doit s'attendre à la perte de 200,000 Maronites ; que, du reste, sans protection et sans armes, les chrétiens ne peuvent plus repousser leurs dangereux voisins, les Druses et les Arabes ;

« 3° Que ce protectorat, dont la France fait si peu de cas, est l'objet de l'ambition de deux grandes puissances. Tout le monde semble ignorer, en France, que la Russie dépense chaque année des millions pour acheter des protégés en Syrie, et que dans toute la Palestine elle gouverne plus que le Sultan ;

« 4° Que les représentants de l'Angleterre, en Syrie, ont remué ciel et terre, dans ces derniers temps, pour s'attirer la confiance des Maronites et avoir un pied chez eux ; que, spectateurs paisibles des événements de la Montagne, ils rient aujourd'hui, regardant tous les coups qu'on donne dirigés visiblement contre la France : le bannissement des missionnaires, les mauvais traitements qu'ils souffrent, la violation de leurs asiles, la ruine même de quelques-uns.

« Je suis persuadé que si ces choses étaient connues de nos ministres, ils prendraient enfin des mesures énergiques ; s'ils trouvent bon que les missionnaires occupent ces établissements, qu'ils assurent l'existence des missionnaires en faisant valoir solidement ce droit de protectorat qui fut de tout temps le plus fort rempart des chrétiens de l'Orient (1). »

Ces choses ont été portées à la connaissance de nos ministres ; de toutes parts on les a avertis ; ils n'ont rien ignoré. Des voix éloquentes

---

(1) Cette lettre a été publiée dans l'*Univers*, numéro du 23 novembre 1845.

se sont élevées au sein des deux chambres, au commencement de cette année, pour réclamer en faveur des chrétiens du Liban. Toutes les feuilles catholiques ont adressé leurs plaintes, réclamé l'intervention de la France (1), et malgré tant d'avertissements *nos* ministres se sont tus!... ils n'ont rien fait pour nos frères!... ils ont assisté froidement à la ruine et au massacre de 200,000 infortunés, dont le principal malheur était aujourd'hui d'avoir été protégés autrefois par la France!... Honte à eux!...

Écoutons encore le récit des malheurs de nos frères. Il faut que tant de maux, tant d'atrocités commises envers des chrétiens pèsent sur la conscience de ceux qui les ont laissé consommer.

C'est surtout le clergé qui fut en butte aux vexations et aux barbaries des Turcs. On a vu des prêtres liés trois par trois, comme une balle de marchandises, et voici comment : la tête du premier était engagée entre les jambes de l'autre, et la troisième victime placée sur les deux autres, tous trois fortement liés avec des cordes mouillées, après les avoir nouées, afin de rendre leurs souffrances plus vives. Dans cette posture horrible, ces pauvres et malheureux prêtres étaient assommés de coups de bâton et de crosse de fusil. Ailleurs, à Gazir, les prêtres ont été attachés par les pieds avec des cordes fixées au milieu d'un arbre élevé ; les soldats turcs qui tenaient la corde hissaient la victime, dont la tête était tournée contre terre à une certaine hauteur, et la lâchaient ensuite entièrement. Ces atrocités incroyables se répétaient jusqu'à ce que ces pauvres prêtres eussent la tête et les membres tout ensanglantés par l'effet de cette chute meurtrière.

A Nahr-el-Calle, près de Beyrouth, les Druses et les Turcs qui s'y étaient postés se sont saisis de plusieurs prêtres maronites et grecs-catholiques qui retournaient de Beyrouth au Mont-Liban. Là, les ministres du Christ, les victimes de la France ont été jetés dans le fleuve : ceux qui savaient nager tâchaient de gagner la rive ; mais les Turcs, en bourreaux impitoyables, les repoussaient à coups de pierre et de bâton ; ou bien, s'ils les laissaient aborder, ce n'était que pour augmenter leurs supplices et leurs souffrances en tombant sur eux comme des tigres, et leur répétant d'une voix féroce : « Vous, les amis des Français ; eh bien ! vous êtes des chiens comme eux, et vous méritez la mort. » Effectivement, entre les prêtres suppliciés, noyés et pendus par les pieds, quatre succombèrent, et les autres portent

---

(1) L'une d'elles disait : « Chaque jour nous sommes frappés en Syrie dans notre nationalité, dans notre communion religieuse. Il faut agir sans retard ; il n'y a point à délibérer, la France doit intervenir ; notre honneur réclame cette intervention, la foi en impose le devoir. Il faut que, fortifié par les cris de douleur et d'indignation d'un grand peuple réuni dans un intérêt si cher, le gouvernement français dégage sa main de l'étreinte de ses alliés, et qu'il réclame, au nom de trente millions de chrétiens, la conservation de trois cent mille de nos frères, le désarmement instantané des exécuteurs. Cette intervention éclatante rendra le courage à des amis timides peut-être, en imposera au mauvais vouloir de rivaux perfides qui se sentiront paralysés devant le jugement du monde civilisé. L'Autriche, qui partage nos croyances, qui a des intérêts communs avec nous en Orient, doit, en cette circonstance, soutenir notre influence, qui n'est pas contraire à la sienne, et son appui déterminerait sans doute les puissances méditerranéennes à prendre à leur tour une attitude qui ferait cesser, d'un côté toute opposition mystérieuse, de l'autre toute hésitation. Que le ministère français prenne l'initiative, et il entraînera sur sa route tout ce qui croit encore à la patrie, à l'humanité, à la religion (Voir l'*Alliance* du 8 février 1846). » Tous les autres organes de la presse catholique ont tenu à peu près le même langage.

chacun des marques sanglantes de la cruauté des Druses et des Turcs ; les uns ont un bras coupé à coups de yatagan, un œil enfoncé ; les autres ont des membres disloqués, les épaules meurtries et saignantes ; ceux-ci ont le cou tordu, ceux-là la tête à moitié fendue.

Ces détails atroces sont extraits d'une lettre publiée par un journal de Marseille, qui la tenait d'une maison respectable et digne de confiance. Nous ajouterons que des lettres d'Alexandrie ont annoncé qu'un certain nombre des Grecs-unis répandus en Syrie, se montraient disposés à s'agréger au schisme russe, et cela pour échapper aux violences exercées contre eux par les autorités turques. Les agents russes travaillent de toutes leurs forces, disent ces lettres, à ce prosélytisme odieux, en promettant à ceux qui ont la faiblesse de se laisser entraîner la toute-puissante protection de leur maître.

II.

Nous ne rapprocherons pas de ces détails l'*exposé* de la situation des catholiques de la Syrie qu'a présenté naguère aux âmes pieuses Mgr Jacques Hiliani, archevêque de Damas et métropolitain du patriarcat d'Antioche. Ses paroles ont remué les cœurs, et nous les avons rapportées dans notre *Mémorial catholique* (1). Mais ce qui est moins connu, et qu'il importe par conséquent de reproduire, c'est la *Notice* que le comité de Beyrouth a envoyée en France, afin d'intéresser la charité des fidèles en faveur des Maronites. Le comité raconte ainsi qu'il suit, et jour par jour, les tourments qu'eurent à souffrir les chrétiens du Liban, et il explique leurs malheurs par l'organisation respective des Druses et des Maronites :

« En ce qui touche l'administration des districts, la Porte fit de violents efforts pour obliger les chrétiens à demander des cheiks turcs au lieu et place des Druses ; les chrétiens s'y refusèrent constamment et persistèrent à réclamer des chefs choisis parmi leurs coreligionnaires. — Les années 1843 et 1844 s'écoulèrent dans de violentes contestations mêlées de tentatives stériles de rapprochement.

« Enfin, le 30 avril 1845, après un grand nombre d'assassinats isolés, les Druses commencèrent la guerre dans les districts mixtes situés au sud de Beyrouth, par l'attaque du village de Mallaka et des districts du Djourd et de l'Arkoub. — A Borderan, ils assiégent trente familles chrétiennes dans la maison du cheik Ahmed et les somment de se rendre avec promesse de la vie, puis les égorgent, violent les femmes et brisent les enfants contre terre. — Le 5 mai, les Druses brûlent Mazza et massacrent la population. — Le 9 mai a lieu la catastrophe effroyable d'Abbay. C'est que ces tigres n'ont pas reculé devant le meurtre du vénérable P. Charles, capucin, qui avait habité dix ans parmi eux, et dont le seul crime était d'avoir élevé leurs enfants et soigné leurs malades. Frappé dans sa retraite, on mit le feu à ses vêtements, et il périt, martyr, consumé par les flammes.

« Enfin, le 11 mai, les chrétiens de l'Ouest accourent au secours de leurs frères, et refoulent les Druses. Mais, arrêtés dans leur élan par le pacha de Beyrouth, ils ne peuvent tirer aucun fruit de leur victoire, et les Druses fondent alors sur le district de Djezin, dont ils incendient les villages et égorgent la population, sans distinction d'âge ni de sexe. — Le 15 mai, un convoi de chrétiens obtint d'aller de Deir-el-Khammar à Saïda, chercher des vivres sous

---

(1) *Voy.* livraison de novembre 1845, ou t. V, pages 155 et suivantes.

l'escorte de soldats turcs. Au milieu de la route, les Turcs demandent une somme d'argent que les chrétiens sont hors d'état de fournir ; abandonnés alors par leur escorte, ils sont massacrés par les Druses, à l'exception de six qui parviennent à s'échapper.

« Du 16 au 18, les braves habitants de Zaklé reviennent à la charge et parviennent à chasser les Druses, envers lesquels ils peuvent enfin exercer·de trop justes représailles ; mais là encore ils sont arrêtés par les troupes du pacha de Beyrouth, qui tire le canon contre eux. Pendant ce temps, les Druses pénétraient sans obstacle dans le district du *Meten*, qu'ils ruinaient, et dont ils chassaient les habitants dans le Kesrouan, jusqu'à Bickfaya. — Le dernier épisode de cette lutte sanglante est le sac d'Aspeya, dans l'Anti-Liban, dont la population est surtout composée de Grecs du rite d'Orient.

« Enfin, l'autorité turque, reculant devant l'immense responsabilité qui pèse sur elle, et surtout devant les protestations énergiques et incessantes des consuls européens, et en particulier du représentant de notre France, a fini par s'interposer efficacement, et a forcé les Druses à une suspension d'armes. Des conférences sont ouvertes à Beyrouth, entre les cheiks des deux partis, et en présence de Bakri–Pacha. On en attend les effets (1) ; mais on ne peut se dissimuler qu'une paix profonde et sérieuse sera bien difficile à obtenir, tant qu'une main ferme et impartiale ne viendra pas tenir en respect les ambitions particulières, équilibrer les intérêts matériels, et donner sécurité aux croyances religieuses (2). »

On pourrait se demander comment les chrétiens, beaucoup plus nombreux que les Druses, ont pu laisser ainsi égorger leurs familles, incendier les habitations et leurs récoltes sans s'y opposer d'abord, ou du moins sans en tirer une vengeance éclatante et expulser définitivement les Druses de la montagne. La *Notice* que nous résumons, prévoyant cette objection, donne une explication naturelle de cette anomalie apparente (3) :

« Les Druses sont concentrés, dit-elle, au nombre de vingt à vingt–et–un mille environ, dans un petit nombre de districts, dont la population chrétienne peut être évaluée à trente ou trente-cinq mille âmes ; mais l'autorité étant depuis longtemps dans la main des Druses, ils sont bien organisés, commandés par des chefs éprouvés et libres de choisir, pour faire la guerre, le moment qui leur paraît le plus favorable. C'est ainsi qu'ils ont commencé cette fois les hostilités au moment où les chrétiens étaient occupés à récolter leur soie, et où ils vivaient épars au milieu de leurs plantations de mûriers. — On conçoit, dès lors, que tout l'avantage est du côté des Druses, dans les commencements surtout, et que la balance ne peut se rétablir que lorsque les chrétiens de l'Ouest se lèvent pour venir au secours de leurs frères.

« Les populations mixtes s'étendent depuis Saïda jusqu'à la route de Beyrouth à Damas. Au delà, et jusqu'à la hauteur de Tripoli, on ne trouve plus dans la montagne que des districts chrétiens administrés par des cheiks tirés de leur sein et assez bien organisés pour n'avoir rien à craindre des incursions

---

(1) Malheureusement tout cela n'a abouti à rien de bon pour les chrétiens ; aucun bon *effet* n'est résulté de ces conférences.

(2) Sans doute on aurait pu en espérer un bien réel si une *main ferme et impartiale* était venue s'interposer. Mais la France, ou plutôt ceux qui la gouvernent, s'est tue ; elle a méconnu sa mission, et la persécution a continué contre nos frères.

(3) La *note* que nous donnons un peu plus haut sur les Maronites et sur les Druses explique déjà cette anomalie.

de leur ennemi. Dans l'Anti-Liban, on compte aussi quelques districts mixtes ; mais les Druses y sont très-inférieurs en nombre.

« Une autre circonstance a pesé fortement contre les chrétiens, dans les événements qui viennent d'avoir lieu. C'est la partialité évidente du gouvernement local de Beyrouth, partialité qui s'est manifestée par des actes tellement odieux qu'ils ont mis obstacle à la libre action des chrétiens chaque fois qu'ils pouvaient se défendre avec avantage, tandis que toute latitude était laissée à leurs ennemis...

« En résumé, le massacre, la ruine et la désolation, ont été portés, dans les districts mixtes du Meten, du Djourd, d'Arkoud, du Chouf, de Djezin, dans l'ouest de la Bekaa et dans le Sahel. Le nombre des villages incendiés dépasse cent cinquante ; les récoltes ont été anéanties ; les églises et les couvents détruits, et l'on a pu acheter, dans les bazars de Beyrouth des vases sacrés vendus par les soldats turcs appelés à protéger les populations inoffensives. On estime à 2,000 le nombre des morts du côté des chrétiens, et, ce qu'on ne saurait trop déplorer, c'est que la majeure partie se compose de femmes, d'enfants, de prêtres, de vieillards. Si maintenant, comme on l'espère, l'effusion du sang est arrêtée, il ne reste plus qu'à accomplir un devoir, mais un devoir immense, sacré, devoir de chrétien et de Français.

« La population des villages incendiés s'élève à environ 22,000 âmes, errante en partie dans les montagnes ou réfugiés à Saïda, Zaklé et Deir-el-Khammar, sans pain, sans asile et sans vêtements.

« Le dévouement évangélique de monseigneur le délégué apostolique et des pères lazaristes d'Antourah, la charité des habitants de Zaklé, aussi compatissants que braves, de ceux de Saïda et de Deir-el-Khammar, s'épuise en efforts ; le consulat de France a prodigué de tous côtés les secours et les consolations ; la petite colonie française de Syrie n'est pas elle-même restée inactive ; mais qu'est-ce cela en présence de si grandes infortunes ? Maintenant encore, la population ruinée peut prendre patience, parce que, durant la belle saison, les misères et les privations sont moins sensibles ; mais l'hiver prochain (1), lorsque le Liban sera couvert de neige, c'est alors que les mains suppliantes des chrétiens de Syrie s'étendront vers leurs frères de tous les points de la chrétienté, vers la France surtout, cette antique protectrice de l'Orient, dont le nom vient toujours le premier à la bouche qui gémit dans ces contrées demi-barbares. »

III.

C'est donc à la suite de ces atrocités qu'il s'est formé, à Beyrouth, une *Association de secours*, pour les malheureux chrétiens, nos frères. Ce sont les détails publiés par ce comité que nous venons de reproduire ; voici maintenant l'*appel* qu'il adressait, l'année dernière, aux chrétiens d'Europe, *appel* qu'il importe de renouveler encore aujourd'hui avec la même insistance :

« Du sein des pénibles émotions provoquées par les scènes lamentables dont on vient d'esquisser le tableau, une pensée bien naturelle a surgi, c'est celle d'organiser une association de secours dont la sphère d'action fût assez vaste pour qu'il fût permis d'en espérer des résultats efficaces et en rapport avec l'étendue des malheurs qu'il s'agit d'adoucir, si l'on ne peut les réparer.

---

(1) C'était au mois de juillet 1845 que le comité de Beyrouth publiait cette *Notice*. Il avait par conséquent en vue ici l'hiver de cette année ; hiver qui a été, en effet, on ne peut plus pénible pour nos frères d'Orient, et comme malheureusement leurs douleurs ne sont point terminées, l'appel du Comité doit toujours exciter notre charité et notre commisération.

« Pour réaliser cette pensée, une assemblée générale de nos nationaux a été légalement convoquée à Beyrouth par MM. les députés du commerce, dûment autorisés par le consulat. Cette assemblée a élu un comité composé d'abord de ceux de nos compatriotes qui, par suite de leurs relations journalières avec la Montagne, connaissent le mieux l'étendue des pertes et les familles nécessiteuses. On leur a ensuite adjoint quelques-uns des voyageurs français qui se trouvaient en Syrie lors des affreux événements que nous avons à déplorer ; ceux-là sont plus particulièrement chargés de retracer en France et dans les autres contrées habitées par les chrétiens le spectacle de désolation qu'ils ont eu sous les yeux, et de fournir les renseignements qu'on pourrait avoir à leur demander.

« Le premier soin du comité, ainsi constitué, a été de réclamer le concours éminent de monseigneur le délégué apostolique et des Evêques de toutes les communions. Ce concours lui sera surtout précieux lors de la répartition des fonds ; il ne leur fera pas défaut.

« D'honorables maisons de commerce et de banque veulent bien se charger de recueillir et de faire passer sans retard les fonds au comité répartiteur de Beyrouth ; toute sécurité est donc donnée aux souscripteurs, et ils peuvent compter que leurs pieuses intentions seront remplies avec zèle et discernement.

« Vous n'aurez pas entendu en vain la prière de vos frères d'Orient, chers compatriotes ; vous dont la voix ou la plume ont l'heureux privilége d'éveiller les sympathies ; vous surtout, nobles femmes, dont la charité active autant qu'ingénieuse a toujours si puissamment contribué à adoucir toutes les grandes infortunes ; vous, enfin, que l'on trouve partout où il reste une larme à essuyer.

« Qu'à votre voix connue et si souvent comprise, des comités se forment et prêtent leur appui tutélaire à l'œuvre de réparation à laquelle nous osons les convier. Ils auront dans cette circonstance accompli non-seulement un devoir de charité, mais encore ils auront puissamment contribué à consolider et étendre en Orient la noble et traditionnelle influence de notre patrie. »

Ce noble *appel* a été déjà entendu, et l'on a dignement répondu à ces voix venues d'Orient pour exciter notre charité en faveur de tant d'infortunés, de tant de membres de la grande famille catholique à laquelle nous nous faisons un bonheur et une gloire d'appartenir. Espérons que, d'après ce qui s'est passé pendant la session de cette année, dans nos Chambres législatives, les fidèles continueront à répondre aux généreuses paroles du comité de Beyrouth (1). N'oublions pas que la question de Syrie est à la fois chrétienne et française : *Chrétienne*, car nos frères y sont persécutés, opprimés, massacrés ; car le sabre musulman pèse sur eux pendant qu'ils nous invoquent ! *Française, et éminemment française*, car, au fond de la Méditerranée, la France catholique a toujours protégé les habitants de la Montagne (2).

---

(1) On a publié les noms de MM. les membres du Comité résidants en Syrie. Il nous semble que nous n'avons besoin que d'indiquer les correspondants trésoriers français pour la France ; ce sont : MM. Delessert frères, banquiers, à Paris ; Ve Guérin et fils, banquiers, à Lyon ; B. Rostand et comp. , négociants, à Marseille.

(2) Le rôle que la France a rempli en Orient à toutes les époques importantes ne saurait être mis en doute. L'histoire tout entière est là pour l'attester, et nous n'avons pas besoin de traiter cette question. D'ailleurs, M. Raymond Thomassy a mis ce point en lumière dans une petite brochure qu'il a publiée dernièrement, in-18, format anglais, de 102 pages. Elle contient des détails extrêmement intéressants et des pièces inédites de la plus haute valeur, entre autres une

IV.

Oui, ne l'oublions pas, nous du moins catholiques de France, puisque le pouvoir l'oublie si indignement! Une population chrétienne est aux prises avec des Druses idolâtres, mahométans, féroces, avides ; le cimeterre ottoman fauche ces populations, détruit leurs églises, ravage leurs demeures, et la diplomatie n'agit pas, et elle se tait! Une telle conduite n'est-elle pas digne de la réprobation de tous, et n'est-elle pas faite pour affaiblir et diminuer chez les peuples étrangers la force et l'influence de notre pays?

Heureusement que Dieu veille sur le Liban, et qu'il ne permettra pas que sa Croix soit renversée aux lieux mêmes où, dès l'origine du christianisme, elle a reçu tant d'hommages !

Nous l'avons dit, les catholiques, la presse, l'opinion, avaient poussé un cri d'indignation et d'alarme à la vue des atrocités commises en Orient, et tout le monde avait demandé l'intervention de la France. Cependant de si belles et touchantes réclamations n'avaient point ému les hommes qui travaillent à l'abaissement de notre patrie. Les rumeurs avaient cessé publiquement, bien qu'elles grondaient toujours au fond des cœurs, et ce calme apparent suffisait au ministère. Il croyait jouir longtemps de sa lâche quiétude, et voici qu'avant que la session de cette année fût terminée, des voix éloquentes se sont de nouveau élevées au sein des deux Chambres et sont venues demander compte du sang de nos frères.

Honneur à ces hommes! Nous devons, pour notre consolation, et pour stimuler notre zèle, reproduire quelques-unes de leurs énergiques protestations.

V.

Dans la séance de la Chambre des députés, du 16 juin, MM. de Lamartine, Berryer et Léon de Malleville ont eu la conscience de porter à la tribune, malgré l'épuisement du temps et des esprits, la question du Liban.

A propos d'un article de loi de finances, M. de Malleville est venu montrer tout ce qu'il y a de déchirant et d'inhumain dans la politique suivie vis-à-vis de la Porte dans les affaires de la Syrie. Il ne veut pas, comme il l'a dit dans la noblesse de son cœur, de la responsabilité du silence ; il parle donc, et, dans son discours, il épuise la question ; il remonte à l'origine de ce combat ; il suit la marche incertaine, vague, débile de notre politique, à la suite de ses oublis, de ses défaillances, de ses prosternations. Il arrive à l'époque actuelle enfin, et il prouve à la Chambre que la vieille protection dont la France couvrait autrefois les populations syriennes n'existe plus, et que là, comme partout ailleurs, la France est effacée. Depuis 1840, en effet, jour funeste où nous sommes rentrés dans le concert européen sans condition, comme un petit peuple qui demande pardon des orgueilleuses prétentions qu'il a eues et qu'il n'a pu soutenir, la Syrie a passé de notre influence catholique sous l'influence

---

lettre de Louis XIV, adressée à l'évêque-comte de Châlons, et qui atteste l'énergie du grand roi à préserver le Saint-Sépulcre de réparations exécutées par les Grecs schismatiques et les Arméniens, et à faire régner l'influence française. — Le journal l'*Alliance*, numéro du 2 mai 1846, donne un long extrait de cette brochure, et reproduit cette lettre de Louis XIV.

bigarrée de l'Europe, ou plutôt sous la puissance anglaise, qui cherche partout dans le monde à troubler, à diviser pour vendre, acheter et régner (1).

L'éloquent M. Berryer a fait aussi éclater sa juste indignation. Dans un discours rapide et substantiel, l'honorable orateur a établi, en se plaçant au point de vue vrai de la question, que, partout où il y a un intérêt catholique, il y a un intérêt français, et qu'ainsi la France a un double devoir et un double droit dans les affaires de Syrie. Il a eu raison, et l'on doit le remercier de s'être posé sur cette large base (2).

« ...Songez-y bien, s'est écrié l'illustre orateur en terminant, n'y a-t-il pas un autre peuple qui nous dispute cette protection. L'empire ottoman ne cherche-t-il pas à nous supplanter dans ces contrées? Le souffrirons-nous? Non, messieurs. Voyez partout, en Pologne, en Allemagne, partout la question chrétienne se soulève; il est donc, je le répète, de notre nature, de notre devoir, de maintenir notre puissance au pied du Liban; c'est là, je le soutiens, notre droit, notre politique et notre devoir.

« Mais si la politique toujours écoutée de nos ministres vient leur dire : « Évi-« tez les affaires, craignez les collisions, » le hasard seul sauvera ces héroïques populations. Et si ces populations sont sauvées, elles ne devront pas leur salut au protectorat de la France! Et quand les deux puissances qui ont déjà lutté en Orient se trouveront en présence, vous n'aurez plus entre eux un peuple sympathique pour vous, et vous aurez sacrifié l'avenir à l'intérêt d'un moment, et c'est le contraire que vous deviez tenter! Le déchirement de l'empire d'Orient est inévitable; réservez-vous pour ce grand jour une place où nous puissions assister autrement qu'en spectateurs à cette lutte dernière! (Très-bien! trèsbien!) »

Quant à M. de Lamartine, il a dit de belles et magnifiques paroles. Nous ne pouvons les analyser; nous devons les citer le plus qu'il nous sera possible. — L'orateur trace d'abord le tableau des souffrances et des persécutions des Maronites, détails que nous avons donnés plus haut, puis il ajoute :

« C'est ce qui résulte de lettres authentiques qui ont été adressées à celui qui parle devant vous, aussi bien par les chefs druses que par les chefs maronites... Ces lettres racontaient ces désastres et les attribuaient aux tâtonnements de l'Europe et à l'oubli où la France semblait tombée de ses plus chers intérêts en Orient. Messieurs, il faut pourtant qu'une résolution sorte du tableau que j'ai

---

(1) *Voy.* le journal l'*Alliance,* numéro du 17 juin 1846.

(2) Et à ce propos, l'*Alliance,* numéro du 17 juin, pag. 2, col. 1, fait la remarque suivante, à laquelle nous applaudissons : « La France est l'un des supports énergiques du catholicisme dans le monde; elle est la plus forte pierre de ses fondements humains. Sa nationalité s'étend ainsi; elle sort des limites étroites que les fleuves et les montagnes lui ont données : elle s'étend aux confins du monde et participe de l'universalité catholique. La France a été douée d'une manière particulière, son intelligence est plus prompte et plus riche, son cœur plus abondant, sa force plus nerveuse; elle est un instrument privilégié, et c'est pour cela que nous avons une confiance si grande dans ses destinées futures. » Oui, tel est le noble rôle de notre France, et voilà pourquoi nous devons empêcher de toutes nos forces que les hommes qui l'exploitent la précipitent dans l'abaissement continu, et que non-seulement ils la déshonorent, mais qu'ils confisquent peu à peu ses libertés pour en faire une indigne esclave, et cela au nom même d'un faux et hypocrite libéralisme!

la douleur de vous présenter, et que nous cessions de permettre que ces deux grandes races, qui renferment en elles le germe de la civilisation et de ses sentiments les plus vrais et les plus sympathiques pour la France, s'entr'égorgent et se détruisent l'une par l'autre... Oui! nous devons l'empêcher, sous le risque d'y perdre notre honneur et notre influence en Orient!

« Messieurs, quel est le droit de l'Europe et de la France relativement à la Syrie? N'est-ce pas le système du *statu quo* qui maintenait l'unité des Druses et des Maronites sous le gouvernement de l'émir Béchir? Eh bien! notre droit n'est-il pas aussi de rétablir cette unité, et d'invoquer pour cela le retour de la dynastie qui en avait favorisé le maintien? »

A l'appui de ces nobles paroles en faveur des Maronites, M. de Lamartine invoque l'opinion de Volney, qu'on n'accusera assurément pas de se laisser aller à des préjugés de religion; l'auteur des *Ruines* disait qu'il y avait dans cette héroïque population la réalisation la plus complète de cet idéal du christianisme devant lequel il inclinait son scepticisme (1).

« Eh bien! ajoute l'orateur, si vous la laissiez périr, je vous dirais que ce serait la dernière goutte de la lie de cette coupe de 1840, dont on a voulu abreuver la France..... Ah! que cette goutte soit de lie, puisque vous vous résignez à la boire; mais qu'elle ne soit pas une goutte de sang chrétien! (Très-bien! très-bien! Des applaudissements se font entendre dans les tribunes publiques.)

« Oui, il faut qu'un écho en Orient répète la parole d'espérance et d'encouragement prononcée en France pour aller réjouir et fortifier les victimes! (Nouveau mouvement.) Depuis 1838, il est impossible de ne pas reconnaître que le gouvernement français a complétement manqué de vues politiques. Une qualité plus importante que le sens politique lui a même fait défaut: la magnanimité!

« Pourquoi ai-je combattu le 1ᵉʳ mars? Parce que je voyais la faute qu'il commettait en portant toute son attention du côté de l'Égypte et en abandonnant pour cela les populations les mieux faites pour s'attirer l'affection et l'appui de la France. Et pourquoi ai-je d'abord apporté le contingent de ma voix à la majorité qui d'abord appuya le cabinet actuel? Parce que je lui crus la mission patriotique de relever notre politique de son abaissement, parce que je crus surtout qu'il voulait resserrer les liens qui attachent ces populations à la France depuis saint Louis.

« Vaine espérance! j'ai vu renverser à jamais ce que vous deviez raffermir, j'ai vu la faiblesse et les tâtonnements amener pas à pas la France à la grande, à la complète abdication de ses droits... Ah! je comprends tous les sacrifices que vous avez faits au maintien de la paix, tous, entendez-vous? Mais je ne comprends pas dans ces sacrifices l'immolation de tout un peuple. (Très-bien!)

« Que nous disait M. Guizot au commencement de la session? *Je suis sûr,* disait-il, *que le cabinet autrichien s'associera à nos vues...* Eh bien! à peine ces paroles furent-elles prononcées, qu'à Constantinople paraissaient deux dépêches de M. de Metternich. Ces dépêches étaient reproduites par un journal anglais, qui les faisait accompagner de réflexions dont le gouvernement anglais avait toute la responsabilité. Et que disaient ces dépêches? L'Autriche est loin d'être d'accord avec la France dans la question de Syrie. (Mouvement.)

« Voici les réflexions insérées dans un journal de Constantinople, et répétées dans un journal anglais : « M. Guizot, dans un discours du 12 janvier sur la

---

(1) On peut consulter son *Voyage en Syrie et en Égypte, pendant les années 1783-84 et 85*, 2 vol. in-8°, 1807, 4ᵉ édit.; ouvrage très-répréhensible sous bien des rapports, mais qui contient aussi des aveux que nous ne devons pas perdre.

question de Syrie, disait que les négociations relatives aux affaires de ce pays ont pour effet de ramener M. le ministre des affaires étrangères d'Autriche à l'opinion de la France. Dans cette assertion, M. Guizot semble avoir fait allusion aux dépêches de M. de Metternich, transmises de Vienne à la Porte. Eh bien! le sens de ces dépêches est tout autre. » Voilà, messieurs, qui est positif et qui a été prouvé.

« L'Autriche est une puissance chrétienne comme nous, ayant, dans la question de Syrie, le même intérêt religieux que nous, le même intérêt commercial que nous; tout, donc, lui faisait une obligation de céder aux sollicitations de la France. Pourquoi ne l'a-t-elle pas fait? Eh! mon Dieu! c'est pour flatter l'Angleterre qu'elle a refusé de s'unir efficacement à nous pour sauvegarder les intérêts d'une population dont l'existence est liée à celle de nos propres intérêts, et nécessaire au maintien de l'équilibre en Orient. C'est, dis-je, pour flatter l'Angleterre, et puis encore pour conquérir le droit de dominer à son gré l'Italie. Voilà la signification, la signification véritable des deux dépêches de M. de Metternich... Il est demeuré prouvé que la conduite du cabinet autrichien a été exactement semblable à ces deux dépêches.

« Je comprendrais que l'Autriche éprouvât des scrupules si, entre elle et nous, il s'élevait un dissentiment à propos d'une question continentale touchant plus immédiatement à l'Europe, à propos, par exemple, de l'Afrique ou de la Sardaigne; mais ici, elle va chercher un motif de froissement avec la France, où? à l'extrémité de la Méditerranée, et cela, uniquement pour avoir la faveur de l'Angleterre et de la Russie, pour montrer qu'elle n'a aucun lien avec la politique française, pour donner au monde le sentiment et le spectacle de notre infériorité. (Très-bien! très-bien!) Messieurs, si c'était un malheur que cette espèce de quarantaine dans laquelle les puissances européennes s'obstinent à tenir la France depuis longtemps, je n'aurais qu'à gémir, qu'à courber la tête. Mais je dis que ce n'est pas là un de ces grands malheurs qui, arrivant après un de ces grands désastres qui condamnent une nation comme la nôtre à une éternelle impuissance, doivent être éternellement déplorés. Mais ce n'est pas là ce qui m'indigne. Ce que je déplore, c'est de voir que le gouvernement de mon pays ne fait rien pour paralyser les efforts des puissances étrangères, effaçant partout la main de la France et les amitiés de notre pays. Voilà, messieurs, ce qui m'indigne, voilà ce que j'appelle un vrai, un grand désastre pour mon pays. (Vive approbation.)

« Mon Dieu! je comprends parfaitement que l'on soit divisé sur une question de politique intérieure; je comprends que chacun poursuive un but suivant ses espérances; mais quand il s'agit de ces cabinets étrangers qui menacent l'influence et les intérêts de notre pays, je ne comprendrais pas que, sans acception de personne, on ne se réunît pas dans un même sentiment pour commander le respect que la France doit savoir imprimer pour son nom et pour sa cause, quel que soit le peuple qu'elle soutienne.

« Ici, messieurs, il y a une nationalité en jeu, et il n'y a personne, qu'il soit plus spécialement conservateur ou qu'il soit libéral, il n'y a, dis-je, personne qui soit dispensé de prêter la main pour resserrer les liens de cette indispensable unité qu'on appelle la France. (Très-bien! très-bien!)

« Messieurs, on nous demande le silence, et pendant que nous le gardons, les actes s'accomplissent, et comment s'accomplissent-ils? On nous a demandé le silence pour la Pologne... On l'a laissée étouffer dans le sang. (Sensation.) (1) Si j'en crois des faits récents qui sont un augure, on nous le demandera bientôt pour l'Italie, vers laquelle l'Autriche a tourné prudemment sa baïonnette,

---

(1) Et ceux qui ont refusé de secourir la Pologne se disent libéraux! En vérité, c'est trop se jouer de l'opinion et mépriser avec trop d'impudence les sentiments de la France!

dans la prévision de troubles futurs. Hier, on nous demandait le silence pour les malheureux Maronites, coupables... le savez-vous? coupables d'avoir prononcé votre nom , coupables d'avoir tendu les bras vers vous. Voilà pourquoi on réclame le silence. Mais, hélas! un jour viendra où l'on nous dira : Vous pouvez parler maintenant sur la question, car il n'y en a plus... Non, il n'y aura plus de question , car il n'y aura plus de peuple ! (Mouvement prolongé.)

« Messieurs, dans tout ceci, et tel est le sens de l'opposition que j'ai faite au gouvernement sur cette question, dans tout ceci, la seule pensée qui me préoccupe, c'est le soin de la grandeur de mon pays. Que faut-il donc faire pour que cette grandeur soit sauvée? Il faut que la France dise hautement dans le monde qu'elle n'abandonnera jamais ni ses droits, ni son nom, ni ses idées, ni son influence, ni surtout ses amis. (Très-bien! très-bien !)

« Messieurs, si jamais un désastre doit affliger l'histoire, si cette malheureuse nation qui aspire à notre secours vient à périr, que la responsabilité en retombe sur qui de droit, et que le cri du sang qui s'élèvera de ces ruines ne retombe pas sur la France , mais sur son gouvernement. (Vive sensation.) »

Et à ce noble et courageux langage, le ministre des affaires étrangères n'a su opposer que des phrases de rhéteur, des dénégations ! « Lorsqu'on peut se posséder au point de jouer sur des mots, a dit un journal, et d'équivoquer, lorsqu'il s'agit de la vie et de la ruine d'un peuple, on n'est pas digne de siéger dans les conseils de son pays, et on perd pour jamais la confiance publique. Il nous est pénible de le déclarer, la conduite de M. Guizot, dans cette séance, a été, nonseulement maladroite, mais cruelle (1). » Et ce journal a dit vrai...

VI.

Mais le ministère ne devait pas seulement subir la honte de ces énergiques protestations à la Chambre des députés ; la question de la Syrie devait être aussi portée à la tribune des pairs. C'est M. de Montalembert qui s'est chargé de cette mission : cette grande cause lui appartenait.

Il a indiqué le vrai but auquel doit tendre le gouvernement, et l'unique moyen pour l'atteindre. C'est le rétablissement d'une administration une et chrétienne, tandis que Chékib-Effendi , l'auteur des maux du Liban, organise une administration musulmane. *La Syrie nous échappera le jour où le christianisme n'y sera plus.* Mais laissons parler l'orateur lui-même :

Deux fois déjà il a, dit-il, entretenu le parlement de cette doulou-

---

(1) Pendant que le ministère se tait, les égorgements continuent ; notre humiliation s'aggrave ; ce que nous avons laissé faire accuse notre faiblesse ; ce qui se prépare et qui se fera (Dieu veuille l'empêcher !) nous accusera devant l'avenir. « Si M. Guizot, disait l'*Alliance*, numéro du 26 juin 1846, si M. Guizot résiste à la religion, à l'humanité, au devoir d'un protectorat consacré par la fidélité des souvenirs dans ce pays où le nom de *France* signifie à la fois chrét'en et Français, que du moins il ne trahisse pas nos intérêts matériels. Conserver notre influence politique dans la Syrie, et empêcher qu'un autre gouvernement y substitue son influence à la nôtre, est une obligation si évidente et si impérieuse qu'il faudrait déclarer traître tout ministre qui la méconnaîtrait ou la négligerait. Maintenant que les conquêtes territoriales ne se font plus par la violence des armes, mais se préparent, se commencent et se poursuivent par les influences politiques, défendons ces populations qui nous aiment et qui appartiennent naturellement à nos influences. Défendons-les avec un soin d'autant plus exclusif que la Russie, l'Autriche et l'Angleterre travaillent, chacune, à s'assurer un lambeau de l'empire turc, quand cette grande succession s'ouvrira... »

reuse question de la Syrie : une fois à la fin de la dernière session (1), et une fois au commencement de la session actuelle. Mais ses protestations n'ont rien obtenu. Cependant M. le ministre des affaires étrangères a paru un instant donner des espérances sérieuses : *il a paru regarder comme le seul remède aux maux des chrétiens de Syrie une administration unique et chrétienne.* Mais ce ministre a, depuis lors, complétement changé soit de tactique, soit d'opinion... Aujourd'hui il invoque le silence ; il déclare que ce silence est indispensable au succès de la politique française. Or, M. de Montalembert pense que cette opinion, cette tactique nouvelle, est d'abord contraire aux véritables intérêts de la question, qu'elle cache une défaite déjà consommée et complétement malheureuse pour nous et pour la cause à laquelle nous nous intéressons, et qu'enfin elle est incompatible avec certaines dépêches qui ne prouvent nullement l'*entente* de l'Autriche avec la France sur cette grande affaire...

« Mais, dit l'orateur, laissons de côté ces dépêches, pour n'indiquer qu'un fait tout à fait nouveau, et que je crois tout à fait authentique, c'est la publication toute récente d'un règlement relatif à la question du Liban, règlement promulgué par ce Chékib-Effendi qui a été l'éditeur responsable de toutes les horreurs commises l'année dernière dans le Liban, ce Chékib que l'on croyait éloigné, envoyé à Londres, qui se trouve encore dans la Syrie pour publier une pièce dont vous avez tous dû avoir plus ou moins connaissance par les feuilles publiques. Cette pièce, ce règlement, cette loi, car je pense que cela a force de loi dans le pays, bien loin d'aboutir à l'administration unique et chrétienne, que M. le ministre proclamait, il y a six mois, comme le véritable remède des affaires du Liban, comme le but de tous ses efforts ; cette pièce, dis-je, constate, établit et fonde de nouveau cette malheureuse dualité de pouvoirs à laquelle la plupart des juges compétents de la question font remonter les maux récents du Liban.

« Je viens donc demander à M. le ministre des affaires étrangères, d'abord, s'il regarde la pièce dont il est question, le règlement promulgué par Chékib-Effendi, comme authentique ; ensuite, en la supposant authentique, s'il regarde ce règlement comme un acheminement à l'administration unique et chrétienne du Liban ; et, en troisième lieu, toujours en supposant l'authenticité de ce règlement, s'il n'y trouve pas une atteinte sérieuse et profonde à l'influence de la France, qu'il était chargé de faire prévaloir. Car, ne l'oubliez pas, Messieurs, à côté de l'intérêt de l'humanité, méconnu par tout le monde en Syrie, excepté par la France, il y a de plus l'intérêt français, qui se trouve compromis en même temps que l'intérêt d'humanité, qui n'est pas contraire à celui-ci, grâce à Dieu, mais qui peut en être distinct. Il en résulte qu'alors même que l'intérêt d'humanité ne serait plus outragé, il resterait encore à garantir l'intérêt de la France, fondé, je n'ai pas besoin de le dire, sur les traités, sur les capitulations, sur les antécédents, auquel nous ne pouvons ni ne devons renoncer.

« Eh bien ! je soutiens que cette influence a été on ne peut plus gravement compromise par le règlement dont il est question, règlement assez difficile à comprendre, à connaître même, parce que nous n'en avons pas une version authentique, mais où l'on voit évidemment une chose, c'est que les protégés de la France, qui sont en majorité dans le pays, sont en très-grande minorité dans les conseils nouveaux qu'on institue ; en outre, qu'il y a exclusion formelle prononcée contre les Maronites, contre les Syriens qui auraient invoqué d'une manière directe la protection de la France. Ils sont exclus, par cela même, de la composition des conseils qui ont été institués. Si ce n'est pas là une

---

atteinte formelle aux droits, à la dignité de la France, je ne sais vraiment ce qu'on pourrait qualifier de ce nom.

« Je soumets donc ces trois questions à l'appréciation de la Chambre d'abord, et ensuite à la bonne volonté de M. le ministre des affaires étrangères. Le nouveau règlement est-il authentique ? N'est-il pas en contradiction avec l'administration unique et chrétienne du Liban ? N'est-il pas une nouvelle atteinte aux droits de la France ? »

Mais avant de descendre de la tribune, M. de Montalembert déclare que, quant à lui, il est intimement convaincu qu'il ne peut pas y avoir dans le décret qu'il vient de citer un acheminement au but que l'on doit se proposer. L'orateur déduit ainsi ses raisons :

« Il est évident, dit-il, qu'il y a là plutôt un obstacle qu'un acheminement. Si rien n'avait été fait, on aurait pu du moins compter sur le temps, objecter à nos plaintes qu'il n'y avait qu'un retard et que rien n'était compromis pour l'avenir ; mais en présence d'un acte semblable aussi solennel qui maintient, qui garantit, qui aggrave l'état de lutte, de partage, de dualité où se trouve l'administration de ce malheureux pays, on a reculé au lieu d'avoir avancé vers le résultat auquel vous prétendiez arriver.

« Je ne puis donc m'empêcher d'exprimer la crainte qu'il n'y ait là, de nouveau, dans ce dernier acte, une défaite cruelle et humiliante pour la politique française ; je ne puis m'empêcher d'exprimer de nouveau la douleur que j'éprouve en voyant la triste et incurable mollesse qui a été sans cesse apportée dans cette question du Liban par l'ambassade française à Constantinople. Je dis cela après avoir examiné les pièces qui nous ont été distribuées par le gouvernement français, et les pièces qui ont été distribuées au parlement anglais. Et pourquoi cette mollesse, pourquoi cette faiblesse ? Je vais vous le dire. Evidemment, la difficulté qui existe là n'est pas une difficulté avec la Turquie, vous le savez assez ; et si l'on en voulait une preuve nouvelle, je la trouverais dans le caractère et dans les antécédents du premier ministre actuel de la Turquie, de Reschid-Pacha. Je suis donc convaincu que ce n'est pas là que réside l'obstacle sérieux et déterminant qui recule la solution des affaires du Liban. Cet obstacle existe évidemment dans les puissances européennes, et spécialement dans cette Autriche que vous avez courtisée sans succès, que vous avez espéré gagner, et qui vous repousse. Or, c'est là ce qui vous a fait fléchir, parce que c'est là malheureusement une des exigences et des conséquences de votre politique, de votre funeste rentrée dans le concert européen.

« Je ne prétends pas qualifier de nouveau cette politique. Elle l'a été d'une façon trop brillante et trop complète à l'autre Chambre. Je suis convaincu, Messieurs, que vous êtes encore, comme le pays tout entier, sous l'impression de ces admirables paroles auxquelles je fais allusion; celles de M. de Lamartine. Je me garderai bien de les affaiblir en les répétant où en les paraphrasant, mais je m'y associe complétement, et je déclare que si M. le ministre des affaires étrangères, en admettant qu'il ne veuille pas me répondre aujourd'hui, comme il me l'a annoncé d'avance, si d'ici à quelque temps il ne vient pas à bout de donner un démenti complet, un démenti foudroyant à tout ce qui a été avancé par moi et par d'autres; s'il ne vient pas à bout de défaire tout ce qui a été fait dans le Liban et de nous confondre par ce succès (ce que je désire de toute mon âme), cette réprobation du pays et du monde chrétien qui lui a été si éloquemment prédite à la tribune de l'autre Chambre pèsera de tout son poids sur lui et sur sa politique.

« Je ne veux pas prolonger cette discussion ; mais je ne puis pas admettre qu'un débat dans cette enceinte, ou dans le sein du parlement français, puisse retentir autrement que d'une manière salutaire dans un pays où le crédit de la France a un besoin impérieux d'être maintenu et rétabli. »

Et à ces nouvelles paroles si claires, si nettes, si formelles, M. le ministre des affaires étrangères n'a eu à opposer, comme toujours, que des paroles évasives, incertaines et dépourvues de franchise. Il a parlé d'inopportunité... et il a encore conclu au SILENCE !...

VII.

Il reste donc bien constaté que le pouvoir ne veut rien faire, et que son intention bien arrêtée est d'abandonner et l'honneur de la France en Orient et nos frères infortunés !... C'est triste à dire, c'est profondément affligeant...

Mais heureusement que les hommes qui ne craignent pas d'assumer une telle responsabilité ne sont pas la France. Ce qu'ils ne veulent pas faire, accomplissons-le, nous tous catholiques, par notre charité et par notre zèle à venir au secours des chrétiens de Syrie.

Nous connaissons maintenant leurs douleurs et les maux affreux qui continuent à peser sur eux. On nous a redit leurs afflictions, leurs épreuves : la presse, des hommes éloquents dans les deux chambres, ont plaidé leur cause ; eh bien ! agissons !... Ne nous contentons pas de gémir sur leur sort ; ne bornons pas notre charité à de vains attendrissements, à de stériles paroles de commisération. Faisons plus : tâchons d'adoucir leur cruelle position par des secours efficaces ; contribuons tous, selon nos ressources, à cette œuvre éminemment catholique et française ; aidons nos frères à réparer leurs pertes, à soigner leurs malades, à reconstruire leurs habitations, à vêtir leurs enfants, à nourrir leurs familles, à se mettre à l'abri de toutes les misères et de toutes les privations... Oh ! dilatons nos cœurs ! Riches, donnons de notre abondance ; donnons jusqu'à même nous imposer des privations. Dieu le veut ! Pauvres, donnons aussi, donnons cette obole qui est si agréable au ciel...

Nous protesterons ainsi contre cette odieuse inertie et cette coupable indifférence de nos hommes d'État. Nous prouverons aux chrétiens d'Orient que toujours nous sommes les enfants de saint Louis, les descendants des Godefroy de Bouillon, des Baudouin, des J. de Brienne, etc ; qu'entre eux et nous il y a toujours l'impérissable parenté de la foi !...

VIII.

Quelques lignes plus haut, nous avons indiqué le comité de Beyrouth ; on pourra donc lui faire passer, ou à ses correspondants, les secours destinés aux chrétiens d'Orient.

Mais d'autres moyens plus faciles sont offerts à notre charité.

Il existe, à Paris, depuis plusieurs années, un *Comité central de Terre Sainte et de Syrie*. Ce *Comité*, composé des hommes les plus honorables, recevra avec reconnaissance tout ce qu'on voudra bien le charger de faire passer à nos frères souffrants (1)..— Le président de ce comité est M. le marquis de Pastoret ; le trésorier général, M. le duc de Rauzan ; et le secrétaire général, M. le baron Onffroy.—Le secrétariat de l'œuvre est situé, à Paris, rue Godot-de-Mauroy, 11.

Enfin, nous avons vu dernièrement Mgr Hiliani, archevêque de Damas, qui était venu à Paris dans le dessein de quêter pour les chrétiens de Syrie. Ce prélat a prié NN. SS. les archevêques et évê-

---

(1) *Voy.* ce que nous avons dit de ce *Comité*, dans notre *Mémorial Catholique*, tom. II, page 282, § VIII.

ques de recevoir, dans leurs secrétariats, les secours qui seraient destinés à nos frères. Les fidèles peuvent donc se servir de cette autre voie facile.

Il paraît qu'à la suite des éloquentes protestations qui ont eu lieu dans les chambres, et dont nous venons de parler, il s'est formé le projet de composer un grand comité syrien, à la tête duquel se trouverait placé tout naturellement M. de Lamartine. C'est au commencement de la session prochaine que cette mesure chrétienne, française, populaire, serait mise à exécution. On citait déjà plusieurs des hommes éminents de l'époque qui en feraient partie. Ce sont MM. Arago, de Montalembert, Léon de Malleville, Berryer, de Villeneuve Bargemont, Clapier, de Cormenin, de Tracy. Nous formons des vœux bien ardents pour que cet excellent projet ne soit pas abandonné.

La France, disait une feuille religieuse, est de taille à agir audessus de son gouvernement et à sauver par elle-même, malgré la petitesse de ses hommes d'État, une nation qui souffre et qui crie vers elle. Nous ajouterons avec la plus entière confiance : Ce que les pouvoirs humains ne veulent pas faire, les catholiques l'accompliront par la charité...

L.-F. GUÉRIN,

Rédacteur en chef du MÉMORIAL CATHOLIQUE.

APPENDICE.

Bien que les faits que nous allons rappeler ne se rattachent pas positivement à ceux dont nous venons de retracer le tableau, dans cet *opuscule*, nous pensons, néanmoins, que les lecteurs aimeront à les voir consignés ici : Il s'agit toujours des contrées d'où la vérité s'est levée.

Souvent nous avons parlé des missions catholiques en Orient (1), et, à côté de leurs progrès consolants, il nous a fallu montrer les efforts du prosélytisme protestant pour les entraver, s'il était possible (2). Mais si l'erreur peut quelquefois gêner la marche de la vérité, elle ne triomphe jamais d'elle. La Croix, debout sur les sommets des montagnes de l'Orient, a servi de palladium à cette contrée bénite, et des deux bras de cette Croix ont continué à découler sur elle, comme jadis sur le monde, la lumière et la vie, les grâces et le salut.

Malgré ses malheurs et ses infortunes, l'Orient n'a jamais cessé d'être protégé par la miséricorde divine : Nous voulons en rapporter deux témoignages.

I.

On écrivait d'Alep, sous la date du 2 août de l'année 1844 :

« Le patriarche catholique de Syrie vient de partir pour Constantinople ; l'objet de ce voyage est de s'opposer à la reprise de possession de son Église par les Nestoriens. Il y a une cinquantaine d'années que cette église leur appartenait ; mais comme il n'existait

---

(1) *Voy.* le *Mémorial Catholique*, tom. II, pag. 289 ; t. III, pag. 42, 43, 470 et suiv.

(2) *Id.*, tom. III, pag. 42.

plus à Alep qu'une seule famille nestorienne, une convention, confirmée par un firman, fit passer cette Église aux mains des catholiques. Aujourd'hui, l'on prétend revenir sur cette convention, et rendre l'Église aux Nestoriens ; et cette prétention est soutenue du crédit des agents anglais. D'autre part, la société des missions de Londres réclame de l'évêque nestorien de Syrie, une somme de 15,000 écus, qu'elle dit lui avoir avancés *pour l'établissement d'écoles protestantes à l'usage de ses ouailles.* L'évêque convient d'avoir reçu cette somme, mais il nie qu'elle lui ait été donnée pour cet usage. Partout où vous rencontrerez le prosélytisme anglais (et vous le trouverez actif et répandu dans toute l'Asie), vous le trouverez portant d'une main des Bibles altérées, et, de l'autre, un sac de guinées. Il ne connaît d'autres armes que cette double corruption. »

Eh bien ! ici encore, les efforts du prosélytisme protestant sont demeurés vains. Le patriarche catholique de Syrie est resté en possession de son Église, et l'erreur n'a rien pu contre sa conscience ni contre l'accomplissement de ses devoirs.

II.

Mais voici le fait le plus important : c'est la confirmation, donnée par le Très-Saint Père Grégoire XVI, de glorieuse et sainte mémoire, de l'élection du Patriarche catholique de la Cilicie (1), et l'envoi du *Pallium* à ce prélat. — Nous sommes d'autant plus heureux d'enregistrer ici cette pièce qu'elle n'a été publiée, en France, que par le journal l'*Univers* (2), et qu'elle témoigne de la sollicitude du Pape Grégoire XVI pour toutes les Églises :

ALLOCUTION DU PAPE GRÉGOIRE XVI, DANS LE CONSISTOIRE SECRET
DU XXV JANVIER MDCCCXLIV.

« Vénérables Frères,

« Le patriarcat catholique de la Cilicie subsiste, comme chacun sait, par une succession non interrompue de patriarches, depuis le pontificat de Benoît XIV, de sainte mémoire, qui dans le consistoire du 26 novembre 1742, proclama Abraham Pierre, premier patriarche de ce siége. On compte, depuis lui, six patriarches qui, tous, remplirent avec honneur les devoirs de leur charge, et dont le dernier, Holas, appelé Pierre VII, est mort dans son siége du mont Liban, moins de deux ans après son élection, le 6 février 1843. Après que les derniers honneurs lui eurent été rendus, et lorsque les évêques éloignés purent se réunir au mont Liban, on s'occupa de lui choisir un successeur, le 7 juillet, dans la maison patriarcale même. Se trouvaient présents : Michel Der-Asdvazadurian, archevêque de Césarée et vicaire patriarcal de Tokat ; Étienne Holas, évêque d'Adana ; Ignace Kalepscian, évêque d'Amasie, et Pierre Abelian, évêque de Marach. Les cérémonies prescrites étant accomplies, et l'ordre voulu ayant soigneusement été gardé en tout, Michel Der-Asdvazadurian, archevêque de Césarée, fut élu patriarche. Il refusa

---

(1) Bornée à l'orient par la Comagène, et au midi par la mer et la Syrie. *Voy.* le curieux article CILICIE dans le grand *Dict. géog., hist. et crit.* de La Martinière, 6 vol. in-fol., 1740.

(2) Numéro du 2 juin 1844.

d'abord, mais il dut céder aux instances des évêques présents, ainsi qu'aux lettres par lesquelles les évêques d'Alep et de Mardin, qui n'avaient pu se trouver à l'élection, lui donnaient leurs suffrages. Acte solennel en fut dressé, suivant l'usage ; les cérémonies accoutumées furent accomplies, et le nouvel élu prit le nom de Grégoire-Pierre VIII.

« Le délégat apostolique du mont Liban, François Villardell, archevêque de Philippes, atteste que tout s'est passé selon la règle des lois et des rites sacrés, et il déclare que le patriarche élu, distingué par la bonté de sa vie et de ses mœurs, profondément soumis et dévoué au Saint-Siége, se fait remarquer par un zèle ardent pour la propagation de la foi catholique. Tel il s'est montré constamment pendant qu'il a gouverné l'Église catholique de Tokat, de sorte qu'il y a lieu d'espérer que sa promotion sera un grand avantage pour toute la nation des Arméniens.

« Or, et le patriarche élu et les évêques qui l'ont choisi se sont empressés de nous adresser les lettres très-humbles par lesquelles ils Nous rendent compte de l'élection qu'ils ont faite, et Nous demandent de la confirmer par Notre autorité.

« Mais parce que l'élu ne peut entreprendre un voyage long et difficile pour se rendre comme il l'eût ardemment désiré, dans la Ville Mère, il Nous prie de lui déférer l'honneur du Sacré Pallium : et déjà il Nous a envoyé l'acte authentique de la solennelle profession de foi catholique, faite par lui conformément à la formule prescrite par Urbain VIII.

« Les choses étant ainsi, la sacrée Congrégation de la Propagande, après avoir tout examiné et pesé soigneusement, a résolu de Nous présenter ses prières, afin que, par Notre autorité, Michel Der-Asdvazadurian, archevêque de Césarée, qui a voulu être appelé, selon l'usage reçu, du nom de Grégoire-Pierre VIII, soit confirmé en qualité de patriarche des Arméniens de la Cilicie, et décoré du Sacré Pallium.

« QUE VOUS EN SEMBLE ?

« Par l'autorité du Dieu Tout-Puissant des saints Apôtres Pierre et Paul et la Nôtre, Nous confirmons et approuvons l'élection, ou demande faite pour le Patriarcat de la Cilicie des Arméniens, de la personne du susdit archevêque Michel Der-Asdvazadurian, maintenant Grégoire Pierre, que Nous délions du lien qui l'attachait à l'Église archiépiscopale de Césarée, et que Nous tranférons à la susdite Église patriarcale, le mettant en qualité de Patriarche et de Pasteur à la tête de sa nation, comme il est exprimé dans le décret et acte consistorial.

« In Nomine Patris † et Filii † et Spiritûs † Sancti. Amen. »

Après le *consistoire*, le prêtre Jean Topus, procureur du patriarche, rendit grâce en ces termes au Souverain-Pontife :

« Très-Saint Père,

« L'Église patriarcale des Arméniens catholiques de Cilicie, que la mort de son patriarche avait jetée dans le deuil et dans le trouble du veuvage, reprend aujourd'hui, Très-Saint Père, ses habits de fête, et tressaille d'allégresse, parce que vous avez daigné confirmer, par votre autorité apostolique, l'élection au patriarcat, faite par le commun consentement des évêques, du Très-Excellent Seigneur Grégoire Der-Asdvazadurian, et lui conférer, en ce jour, l'ornement du Sacré *Pallium*, pris au corps de saint Pierre (1), en qui est la plénitude du pouvoir pastoral.

« Au nom du Patriarche lui-même, au nom de toute ma nation, je rends, pour un si grand bienfait, d'immortelles actions de grâces à votre béatitude ; et j'atteste que le patriarche revêtu de ces honneurs et comblé des marques de votre bienveillance pontificale, ne croit pas pouvoir donner de preuve plus éclatante de sa gratitude que sa promesse de persévérer inébranlablement jusqu'à la mort dans la communion de l'Église romaine, mère et maîtresse de toutes les Églises, avec laquelle, à cause de sa primauté, il est nécessaire que toutes les Eglises demeurent unies.

---

(1) Le *Pallium* est un ornement pontifical propre aux papes, patriarches, primats et métropolitains, qui le portent par-dessus leurs habits pontificaux. Il est fait d'une laine blanche en forme de bande large de trois doigts, qui entoure les épaules, ayant des pendants longs d'une palme par-devant et par-derrière, avec de petites lames de plomb arrondies aux extrémités, couvertes de soie noire avec quatre croix rouges.

La laine qui sert à faire les *Pallium* est prise sur deux agneaux que des religieuses de Sainte-Agnès offrent tous les ans, le jour de sa fête, pendant qu'on chante à la messe l'*Agnus Dei*. Ces agneaux sont reçus par deux chanoines de l'église de Saint-Jean-de-Latran, qui les mettent entre les mains des sous-diacres apostoliques. Ce sont eux qui ont le soin de les faire paître et tondre. Il n'appartient qu'à eux de faire ces *Pallium*, qu'ils déposent ensuite sur les corps de saint Pierre et de saint Paul, au grand autel de leur église, sur lesquels on fait des prières toute la nuit, comme il est marqué dans le Cérémonial romain. C'est de là qu'ils sont tirés pour être envoyés aux prélats qui doivent en être décorés.

On a beaucoup disputé sur l'origine du *Pallium*. Cette origine n'en est pas moins fort obscure. Les uns la rapportent aux empereurs. Le *Pallium*, selon eux, était un manteau impérial dans son origine, dont les empereurs accordèrent l'usage au pape et aux patriarches, qui, dans la suite, s'attribuèrent le droit d'en honorer d'autres prélats. Mais le sentiment de ces auteurs paraît fort mal fondé, puisque le *Pallium* a un symbolisme entièrement ecclésiastique. Aussi, se trouve-t-il des auteurs qui ont regardé le *Pallium* comme un ornement purement ecclésiastique, et nous sommes fondés à croire qu'ils ont raison. Il y en a d'autres qui prétendent que saint Lin, qui succéda à saint Pierre, en 66, en introduisit l'usage ; mais d'autres encore pensent qu'il n'en est pas fait mention avant l'an 336.

Il n'appartient qu'au pape d'accorder le *Pallium*, quoique quelques patriarches l'aient accordé à leurs suffragants après l'avoir reçu eux-mêmes du Saint-Siége. Autrefois il fallait l'aller chercher à Rome en personne ; on l'envoya ensuite par les légats du pape, et enfin on l'envoya demander par un exprès avec cette formule : *Instanter, instantius, instantissimi*. Les archevêques, trois mois après leur consécration, sont obligés, selon le droit, d'en faire la réquisition, et jusqu'à ce qu'ils l'aient obtenu, ils ne peuvent exercer leurs fonctions, si ce n'est pour accorder des démissions. Chez les Grecs, tous les évêques portent le *Pallium* ; mais parmi les Latins, il n'y a que ceux à qui les papes l'accordent par un privilége particulier. Cet ornement n'est point la marque essentielle de l'archiépiscopat, et il ne se porte point hors le service divin, sans une permission spéciale.

Autrefois le *Pallium* couvrait tout le corps du prélat, et descendait depuis le cou jusqu'aux talons, à peu près comme sont nos chapes. Mais il y a cette différence qu'il était fermé par-devant et tissu, non de soie ni de lin, mais de laine, pour représenter la brebis que notre Seigneur Jésus-Christ, le bon Pasteur, porte sur ses épaules. Nous avons vu qu'aujourd'hui la forme du *Pallium* est bien changée.

Nous avons puisé ces renseignements dans le *Dict. des sciences ecclés.* de dom Richard, t. IV, pag. 252, col. I, de l'édit. in-fol. de 1761. On peut consulter encore dom Claude de Vert, *Explic. des cérém. de l'Egl.*, tom. II, pages 157-161 de l'édit. in 8° de 1700, et Boquillot, *Traité hist. de la Liturg. sacrée*, pages 170-173 de l'édit in-8° de 1701.

« Il vous promet donc : par ma bouche, obéissance, honneur et respect, à vous, Très-Saint Père, en qui nous voyons et nous honorons Pierre, dont la dignité ne diminue pas dans la personne d'un si digne successeur, et il garantit que rien ne lui sera plus sacré que de recevoir avec vénération, et comme émanés des lèvres de Pierre lui-même, tous les ordres et tous les avertissements qu'il plaira à votre Sainteté de lui adresser.

« Je prie enfin et je supplie votre Bonté de daigner accorder au patriarche lui-même et à la nation qui lui est soumise la Bénédiction Apostolique. »

Le texte latin de cette *allocution* et la réponse du prêtre arménien se trouvent dans la livraison de mars-avril 1844 des *Annales des Sciences religieuses*, recueil publié à Rome, pag. 288 et suiv. — Nous avons cru utile de donner cette traduction d'une pièce qui intéresse d'une manière particulière notre nation, puisqu'elle conserve pour les catholiques de l'Orient de si vives sympathies, et qui émane d'un Pontife dont nous déplorons la mort récente.

III.

Plus haut, page 4, nous donnons, dans une *note*, quelques détails sur les Maronites. Nous voulons compléter cette *note* par des renseignements précieux que nous puiserons dans la nouvelle édition, amplement augmentée et corrigée, du *Dictionnaire de la Bible*, que vient de publier M. l'abbé A.-F. James ; 4 vol. in-4°.

L'origine des Maronites est une question encore non résolue parmi les savants. Cependant « tous sont convenus, écrivait M. Poujoulat, au mont Liban, en 1831, de faire dériver le nom de *Maronite* d'un solitaire appelé *Maron;* or, il y a eu, continue-t-il, deux solitaires de ce nom : l'un, qui vécut dans les déserts de la Syrie, à la fin du IVe siècle et au commencement du Ve, et qui mourut en 433 : celui-ci était catholique ; l'autre, entaché de nestorianisme et d'entychianisme, vivait au VIIe siècle, dans le pays de Hamah, l'ancienne Epiphanie. Les Maronites éclairés prétendent que leur nation a toujours été fidèle à l'Eglise romaine, et ne reconnaissent pour père et pour fondateur que le pieux Maron, mort en 433. Les savants d'Europe donnent aux Maronites une origine héréditaire, et leur assignent pour père le solitaire de Hamah. Ils ajoutent que les Maronites sont revenus à la communion latine sous le pape Grégoire XIII, dans le XVIe siècle; quelques-uns disent sous le pape Calixte III, dans le XVe siècle. Mes propres recherches m'ont amené à reconnaître que les Maronites éclairés, ni les savants d'Europe, n'ont pas trouvé toute la vérité. » (*Correspond. d'Orient*, lettre CLXXX, tome VII, pages 312 et suiv.)

Dans un autre endroit, le même auteur conclut à dire que les Maronites sont dans l'erreur quand ils avancent qu'ils ont toujours appartenu à la foi romaine, et que les savants se sont également trompés en plaçant dans le XVe ou le XVIe siècle la réunion des Maronites à l'Eglise latine. Mais cette opinion, qui consiste à dire que les Maronites, attachés autrefois à l'hérésie entychéenne, embrassèrent au XIIe siècle la foi catholique, que leur apportèrent les croisés, paraît complétement dénuée de fondement. A cette occasion, il fut publié dans le journal l'*Univers*, n° du 11 février 1846, des observations fournies par un Maronite. Nous allons en rapporter quelques-unes:

L'auteur appelle erreur grave l'opinion dont il s'agit, et « cette erreur, dit-il, n'est malheureusement que trop accréditée en Europe, et particulièrement en France, par des rapports de voyageurs mal renseignés ou malveillants. » Il établit ensuite que la religion catholique, à laquelle les Maronites *ont le bonheur d'appartenir*, remonte incontestablement au IVe siècle et non au XIIe. Voici comment il raisonne :

« Saint Maron, dont la nation maronite tire son origine, vivait au IVe siècle ; ainsi donc, avant la naissance des hérésies qui ont divisé l'Église orientale en des sectes différentes, le nom de Syrien était celui de tous les chrétiens qui habitent cette vaste contrée. Mais depuis que la plupart de ces chrétiens se furent séparés du corps de l'Eglise grecque, on leur donna différents noms qui désignent leur créance particulière ou le chef de la secte qu'ils ont embrassée ; c'est ainsi qu'au nom originaire de leur patrie on a substitué les noms odieux de Nestoriens, de Monothélites, de Jacobites ; il faut cependant excepter les Maronites de cette règle générale ; car enfin, bien que nos ancêtres fissent constamment partie des anciens noms syriens, soumis aux empereurs d'Orient et attachés à l'Eglise grecque, leur changement de nom a un principe tout opposé à celui que nous venons d'établir. C'est donc à saint Maron lui-même que remonte notre nationalité ; mais notre foi catholique a toujours été la même depuis cette époque jusqu'à nos jours, nous n'avons jamais rejeté nos principes religieux pour en embrasser d'autres, hérétiques ou faux, comme cela arrive encore aux Syriens, aux Arméniens et aux Grecs-Unis. »

A l'appui de ses assertions, l'auteur cite les paroles par lesquelles le pape Grégoire XIII, en 1581, dans sa Bulle d'érection du collége des Maronites à Rome, rend témoignage à la foi constante des Maronites, qu'il compare à l'*Horeb* et au *mont Sinaï*, parce que, dit ce pontife, *ils sont inébranlables dans leur foi contre toutes les attaques de leurs ennemis.* Puis, le pieux et zélé Maronite déclare que si la plupart des anciens auteurs ou historiens de sectes dissidentes les ont gratifiés de la qualification d'*hérétiques*, ce n'est que par haine, par inimitié nationale et par jalousie de leur soumission et de leur attachement au Saint-Siége. Enfin il termine ainsi :

« Ce que nous venons d'exposer au sujet de l'origine des Maronites et de leurs doctrines orthodoxes est tellement précis, incontestable, qu'il se trouve confirmé dans le recueil des conciles et par les bulles que Innocent III, Grégoire XIII, Clément VIII, Honorius, Alexandre IV et Léon X ont envoyées successivement et à diverses époques aux patriarches maronites. Au reste, ces actes décisifs, ces décrets authentiques dont il s'agit, se trouvent consignés dans les archives patriarcales de Canoubin, au mont Liban, où, en 1740 environ, un synode mémorable a eu lieu pour constater péremptoirement ces points d'orthodoxie orientale. »

Nous sommes bien aise de donner cette nouvelle publicité à cette défense de l'origine et de la foi des Maronites.

FIN.

Typ. de H. Vrayet de Surcy et Cᵉ, r. de Sèvres, 57.

www.ingramcontent.com/pod-product-compliance
Lightning Source LLC
Chambersburg PA
CBHW071445030726
47594CB00006B/2830